응시와 가장 가까운 곳

몰개시선 005

응시와 가장 가까운 곳

승한 시집

몰개

시인의 말

안도현 시인의 권유로 시집 한 권을 더 보태게 됐다. 안 시인에게 고맙다. 옆에서 늘 시의 지도를 그려주는 문태준 시인과 손택수 시인에게도 감사하다.

'폐쇄병동' 연작시집을 낸 이후 3여 년 동안 또 많이 아팠다. 그동안 변함없이 내 정신을 지켜주신 '성모사랑의원' 유길상 원장님께도 깊이 감사드린다.

시가 있어 살았다. 얼마 동안 더 시를 쓸 수 있을지 모르겠지만, 살아 있는 동안은 쓰고 싶다. 나를 치유하는 가장 거룩한 약이므로, 충일한 행복이므로.

'폐쇄병동'이 내 내부의 내부를 들여다보는 시간이었다면, 지금의 내 시선은 내 외부의 내부로 향해 있다

햇볕이, 참, 양양하다.

2025년 여름에
승한

차례

시인의 말   5

1부   얼음 만다라

쪽   13

바둑   14

얼음 만다라   16

담쟁이넝쿨의 생존법   18

봉황도—유원해, 125×45cm, 순지 수간분채 혼합재료   20

흰 소가 수레 끄는 날이면   21

우각   22

직립의 시   24

당신은 시가 되세요   26

오리에 대한 숙고   28

제비꽃   30

눈물   32

공수래공수거   33

여름   34

허공   36

2부 담배를 문 해골

서쪽 노을이라는 거울 앞에서 41

담배를 문 해골 42

획 44

황소 47

동백꽃 48

옹이 49

입추 50

환시 52

죽변항에서 54

아침을 먹으러 아침에 간다 56

정거장 58

비 내리는 동안 59

바다 60

수평선 62

양파 63

3부 돌고래를 찾아서

겨울산   67

주먹   68

장마   70

간이역   72

동병상련—고 이현철 친구에게   76

풍죽도   79

독거   80

동면   82

다시 죽변항에서   84

궁리항에서   85

아파트   86

어떤 시론   88

놀   90

돌고래를 찾아서   92

탑   94

내 속엔 직립이라는 짐승 한 마리가 살고 있다   95

4부 여우별

여우별　99

12월 31일 자정에 내리는 빗속에서　100

꽃밭에서　102

죽변항 근해저망 통발 21톤 2310901-6479306

해창호 설홍연 선주에게　104

폐쇄병동 이후　105

천치의 저녁　106

호상　110

가을에　112

울음　114

장갑 한 짝　115

밥의 시간　116

집　120

여름 장독대　122

어떤 고백　124

해설 내부와 외부, 그 진공묘유의 세계 · 고봉준　129

1부

얼음 만다라

쪽

　내부가 외부로 나오기까지 얼마나 많은 양식(糧食)과 걸음이 필요했을까 내부가 외부의 옷으로 갈아입기까지 또 얼마나 많은 구름과 바람과 햇볕과 비의 날들이 필요했을까 풀이 색이 되기까지 탈색이 다시 착색이 되기까지 또 얼마나 많은 용서와 사랑과 채찍과 혼돈의 외경(畏敬)이 필요했을까 너에게 물들기까지 온몸으로 내가 네가 되기까지 네가 내가 되기까지 맹세와 기다림의 경(經)이 필요했을까 쪽, 그 발묵(潑墨) 앞에서 나는 한 번도 본 적 없는 너의 내부가 된다 원시가 된다 시원이 된다 색에서 색이 나오는 시색(是色)이 된다 색즉시공 공즉시색 묘유(妙有)의 순간 아, 거기 어람(於藍)이 있었구나 누비옷 같은 기다림의 먼 시간이 하늘 속에 괴어 있었구나 숙면으로 괴어 있었구나

바둑

 이를테면, 흑이 색(色)일 때 백은 공(空)이다 백이 색일 때 흑은 공이다 따라서 바둑을 둔다는 것은 이를테면 색즉시공과 공즉시색의 연속무늬이다 색은 외부고 공은 내부다 공은 내부고 색은 외부다 따라서 이들이 한 외부와 한 내부로 엮여 한 외부가 되고 한 내부가 되는 일은 결코 없다 색과 공이 하나로 묶여 한 색이 되고 한 공이 되는 일 또한 결코 없다 가로 42.42cm, 세로 45.45cm의 공간에서 19줄의 가로 세로 교차점은 흉터다 그 흉터 속에는 우레와 천둥이 산다 따라서 점과 점의 교차점에서 일어나는 모든 흉터는 화두다 있으면서 없고 없으면서 있는 진공묘유의 공안(公案)이다 더 놀라운 것은 만져지지도 않고 보이지도 않는 반집승과 반집패라는 시원의 흉터다 세상에서 처음으로 가로 42.42cm, 세로 45.45cm의 심연과 넓이와 부피와 19줄의 흑과 백이라는 공과 색을 빚어낸 이는 그 반집의 흉터를 알고 있었을까 진공묘유라는 그 우레와 천둥의 소리를 알고 있었을까 그 흉터의 무게와 깊이와 넓이를 알고 있었을까 그 흉터 앞에서 한 사람은 울고 한 사람은 웃지 못할 거라는 그 혁명의 근원까지 알고 있었을까 그 반집의 흉터가 수천 만 원에서 수억 원에 이르는 색이 되고 공이 되고 진공묘유가 될 거라는 걸 환산하고 있었을까 오늘도 무수한 공과 색, 흑과 백, 외부와 내부가 반집의 위대한 연소를 위해 사색(死色)을 다해 사색(思索)한다 착점한다 아, 저 놀랍고 신비로운 색즉시공과 공즉시색의 반상이여 반집이여 불사조여 불멸이여 영원히 죽지 않을 19줄의 가로 세로 교차점과 가로 42.42cm, 세로 45.45cm의 공간이여 넓이여 깊이여 외경(畏敬)이여 색즉시공 공즉시색이여 전장이여 두다가, 두다가, 숨을 거둬라 흑백의 돌집을 지어라

얼음 만다라(曼陀羅)*

　가령, 동지섣달, 그 얼음 새벽, 목탁 치며 도량석(道場釋)** 도는 어린 여승을 보며 그녀는 숙세에 무슨 업을 크게 지어 잠도 못 자고 이 찬 겨울 신새벽에 깨어나 얼음 하늘 깨부수고 있냐고 물으신다면, 저는, 저는, 대답하겠습니다

　제 업입니다 제 업입니다 당신을 사랑한 숙생의 제 업입니다

　가령, 동지섣달, 그 얼음 새벽, 죽비 맞으며 장좌불와(長坐不臥) 하고 있는 어린 여승을 보며 당신이 당신에게 숙세에 무슨 업을 크게 지어 구들장에 눕지도 못하고 이 찬 겨울 신새벽 깨어나 얼음 허공 뚫어져라 바라보고 있냐고 물으신다면, 저는, 저는, 대답하겠습니다

---

*만다라(曼陀羅·曼茶羅): 부처가 증험한 것을 나타낸 그림. 우주 법계의 온갖 덕을 갖춘 것이라는 뜻에서 이렇게 이른다. 금강계 만다라, 태장계 만다라 등이 있다.
**도량석(道場釋): 도량을 청정하게 하고 수행에 정진하기 위하여 새벽이나 아침에 부처 앞에 예불하는 일. 또는 그런 의식.

제 업입니다 제 업입니다 당신을 함부로 사랑한 숙생의 제 업입니다

숙생의 그 업 다 하는 그날까지, 저는, 저는, 동지섣달 그 얼음 새벽, 그 얼음 목탁, 그 얼음 죽비 소리 속에 고드름으로 깃들어 살겠습니다 한 마리 눈 뜬 얼음 물고기로 깃들어 살겠습니다 얼음 만다라로 수 놓여 살겠습니다

담쟁이넝쿨의 생존법

벽을 만나면 벽이 되고요
담장을 만나면 담장이 되고요
집을 만나면 집이 되고요
나를 만나면 내가 되고요

쓰레기를 만나면 쓰레기를 먹고요
죽은 나무를 만나면 죽은 나무를 먹고요
죽은 자전거를 만나면 죽은 자전거를 먹고요
썩은 우물을 만나면 썩은 우물을 삼키고요

먹는 대신 쓰레기에도 심장을
먹는 대신 죽은 나무에게도 심장을
먹는 대신 죽은 자전거에게도 심장을
삼킨 대신 썩은 우물에도 심장을

심장을
심장을
푸른 심장을

켜로 달아주고요

나도 담쟁이넝쿨처럼 너를 삼키고 싶고요
나도 담쟁이넝쿨처럼 너를 먹고 싶고요
나도 담쟁이넝쿨처럼 너를 품어주고 싶고요

너에게도 심장을

심장을

숨을

앗, 다시 담장을 넘어가야 할 시간이네요!

너를 타 넘어야 할 시간이네요!

봉황도
―유원해, 125×45cm, 순지 수간분채 혼합재료

한 봉황이 또 한 봉황을 만나 암수 한 쌍의 봉황도가 된 것이었는데,

두 내부가 한 외부가 되고 한 외부가 두 내부가 되기 위해 기린과 사슴과 뱀과 물고기와 거북과 제비와 닭이 수간분채 자수로 짝짓기를 하는 것이었는데,

오동나무가 우는 달밤이었다

대나무가 산란하는 밤중이었다

그날 밤늦도록 선암사 왕벚꽃나무처럼 내 몸을 파고 들던 광선 속의 오색 깃털들 궁상각치우의 오색 울음들

그 음색(音色)을 셈하며 운명처럼, 운명처럼 두 마리의 봉황새는 그렇게 한 몸이 되는 것이었다

한 분채(粉彩)가 되는 것이었다

흰 소가 수레 끄는 날이면

 골목골목, 이렇게 흰 눈 가득 쌓이는 날이면, 이월, 우리가 처음 만났던 날, 그날 보았던, 당신의 큰 눈동자가 생각납니다 그날, 당신은 큰 눈동자 가득 대설(大雪)을 담고 있었지요 대설 같은 큰 순결을 담고 있었지요 그 대설에 나 얼굴 파묻으며 오래 눈물 흘리고 싶었지요 살얼음 같은 첫사랑 하고 싶었지요 심장 쿵쿵, 수류탄 같은 첫사랑 하고 싶었지요 먼 세월 지나도록 당신은 아무 말씀 없으셨지요 고사(古寺)처럼 적막했지요 나는 날마다 법당에 올라 기도했지요 우리 첫사랑 이루어지길, 우리 대설 녹지 않기를, 그때마다 탱화 속에서 연꽃 피어났지요 연꽃 속에서 당신 걸어 나왔지요 조흔색처럼 걸어 나왔지요 흰 소처럼 걸어 나왔지요 수레 끌고 걸어 나왔지요 그 수레 타고 나 집으로 돌아가고 있었지요

우각(雨脚)

눈물처럼 빗물이 내립니다
빗물이 종일 허공을 자릅니다
죽죽 잘려진 빗물이 봄으로 걸어갑니다
음악처럼 음악처럼
산으로 걸어갑니다
언덕으로 걸어갑니다
고독으로 걸어갑니다
격렬하게 비열하게 격렬비열도처럼 비열했던
내 청춘의 흉상 속으로 걸어갑니다*
나에게로 걸어옵니다
비의 다리 비의 다리 비의 발자국
나의 늑골에도
그런 다리가 있었으면 좋겠습니다
그런 발자국들이 있었으면 좋겠습니다
그런 음악들이 있었으면 좋겠습니다

---

*박정대의 시 「음악들」에서 변용.

죽죽 빗물이 집니다
눈물이 집니다
음악이 집니다
비에게도 다리가 있음을 처음으로 알았습니다

직립의 시

직립의 절벽은 팽팽하다
직립 위에서 망치는 만유인력이고
정은 중력이다
먼 옛날
한 부인을 위해 천길 벼랑까지 올라가 꽃을 꺾어다 바친 노인처럼
만유인력과 중력이 맞부딪치는 통점에서
구름을 딛고
이름 석 자를 새긴 이 누구인가
오랜 세월
그 이름 석 자에
빗물이 스며들고 바람이 스며들고 햇빛이 스며들고 이끼가 스며들어
시가 될 줄 누가 알았겠는가
바람과 구름과 햇빛과 이끼가
날마다 그 시를 암송할 줄 누가 알았겠는가
만유인력과 중력이 만나
멋진 시 한 편 새길 줄 누가 알았겠는가

직립 아래로 망치가 떨어져 내린다
바위 속으로 정이 걸어간다
먼 옛날처럼

당신은 시가 되세요

당신은 포근한 시가 되세요
나는 단단한 씨가 되어
당신의 시 속으로 들어갈게요
그러다가 어느 날 빗물이 스며들면
당신의 시는 온 힘을 다해
우주를 들어 올릴 거예요
그럼 나는 황홀하게 싹이 틀 거예요
이윽고 꽃봉오리가 맺히고 황홀한 꽃이 되면
당신의 시는 멀리 날아갈 거예요
그리고 그곳에서 다시 황홀한 시가 되면
누군가가 당신의 시 속으로 들어가
단단한 새 씨를 뿌릴 거예요
나는 당신이 들어 올려 주고 간 우주를 보면서
당신이 남기고 간 황홀한 꽃봉오리와 꽃을 생각하면서
당신의 시를 날마다
암송할 거예요
그럼 당신의 시는
지상에서 가장 아름다운 꽃이 될 거예요

가장 아름다운 화단이 될 거예요
부끄러워하지 말고
당신은 황홀한 시가 되세요
나는 빗물로 스며들어
당신의 시를 잘 키우고 있을게요
그래서 꽃봉오리가 다시 맺히고
꽃이 다시 피면
나는 당신의 시를 더 황홀하게 낭송할게요
당신의 황홀한 시가 더 황홀하게 날아올 날을 기다리며
하늘과 햇빛과 그늘을
환하게 밝혀놓을게요
밤도 더욱 환하게 밝혀놓을게요
당신은 황홀한 시가 되세요
나는 단단한 씨가 되어
당신의 시 속으로 조용히 들어갈게요

오리에 대한 숙고(熟考)

꽥꽥, 백자(白瓷)도 아닌 것들이 백자처럼 걸어간다 동학(東學)도 아닌 것들이 동학처럼 떼지어간다 떠들면서 악쓰면서 악쓰면서 걸으면서 걸으면서 쫓으면서 쫓으면서 쫓아간다

흰 것들의 일렬종대 흰 것들의 안행(雁行) 흰 것들의 야단법석 오늘 법문(法問)은 누가 하나 천수경 외는 소리 같다 반야심경 외는 소리 같다 그렇게 산으로 간 사람이 있다 갠지스로 간 육근(六根)이 있다 새에게 눈과 심장과 살과 뼈를 내준 일체개고(一切皆苦)가 있다 제행무상(諸行無常)이 있다 제법무아(諸法無我)가 있다 신발이 있다 조선백자가 있다

풍덩풍덩, 가반수의 무게로 오리들이 둠벙에 빠진다 투신한다 익사한다 그러다 다시 떠오른다 환생한다 작은 분모는 보이지 않고 무거운 분자로만 환생한다 108 나한(羅漢) 같은 저 흰 것들 흰 오리들 흰 백자들 흰 목숨들 흰 외짝 고무신들 흰 외짝 고무신 신고 나 이십 리 산길

도망쳐 읍내에 간 적 있다 불빛 보러 읍내로 도망친 적 있다

 노란 넓은 주둥이들이 주둥이를 모아 다시 반야심경을 독송한다 천수경을 독송한다 금강경을 독송한다 다시는 이딴 세상에 오리로 태어나게 해주지 말라고 줄지어 기도한다 줄지어 기도하며 헤엄친다 (사람들도 줄지어 기도하는 때가 많다 횡대로 종대로) 줄지어 갠지스로 익사한다 익사했다 환생한다

 이 세상에 할 말 못 하고 죽은 주둥이들 참 많다 노란 넓은 주둥이들 참 많다 갈 곳 다 못 가고 밑창 다 닳은 흰 외짝 고무신들 참 많다 고요하다 깊다 갠지스가 둠벙이 가을하늘이 높다 우습다 오리 궁둥이가 내 헌 흰 신발이 "이 뭣고! 이 뭣고!" 둠벙 한가운데로 던져버리고 싶은 내 외짝 흰 고무 신발이 됴선이 조선이 동학이

제비꽃

겨우내 열쇠를 찾았습니다
당신이라는 쪽문을 열기 위해
한껏
키를 낮췄습니다
몸을 구부렸습니다

길 가다 보았습니다
풀밭에 떨어져 있는 당신의 열쇠를
열쇠를 찾기도 전에 당신의 몸은
이미
쪽문을 열고 있었습니다

노란색
보라색
파란색
하얀색
분홍색

지상과 가장 가까운 곳에
눈썹과 가장 가까운 곳에
속삭임과 가장 가까운 곳에
응시와 가장 가까운 곳에
당신은 눈을 뜨고 있었습니다

그것도 지천으로 있었습니다
마주 보는 눈과 눈이 서로 쪽문이었습니다

몸과 키를 낮춘 두 생명이
여린 눈빛을 오래 마주 보았습니다

봄이 당신과 나의 입술에게
똑같은 개수만큼의 웃음을
똑같은 개수만큼 나눠줬습니다
똑같은 개수만큼의 바람이 우리를
똑같은 개수만큼 흔들고 지나갔습니다

눈물

 내부가 외부의 역할을 하는 동안 내부가 말라버렸다 말라버린 내부에 나는 인공 누액(淚液)을 넣고 내부를 적셔 주지만 외부는 매양 껄끄럽다 내부가 없는 외부는 사막이다 외부가 없는 내부는 혼곤이다 세 달에 한 번씩 안과에 가서 인공 누액을 처방받아 오지만 눈물이 말라버린 눈알은 이미 눈알이 아니다 쓸모없는 시역(視域)에 너무 많은 눈물을 너무 오래 퍼다 쓴 죄야 그렇다 치고 눈이 없는 나는 이미 시야가 없어서 오히려 자유다 당달봉사로 살 수 있어 쾌감이다 눈물이 다 말라 더 이상 울지 않아도 되는 나의 내부는 이미 캄캄한 백사(白沙) 초승달 가는 소리가 더 잘 들리는 폐색의 세계 어머니 늙어가는 소리도 훨씬 더 잘 보이는 귓속의 눈동자 어디서도 구할 수 없었던 쾌감이 안공(眼孔)에 있었을 줄이야 지척 간에 은폐되어 있을 줄이야

공수래공수거(空手來空手去)

장례식장 분향소에
생략된 문장처럼* 당신이 앉아 있습니다
모든 사람이 생략된 듯
당신 혼자 앉아 있습니다
영정도 생략되고
촛불도 생략되고
국화꽃도 생략되고
육계장도 생략되고
편육도 생략되고
주검의 내용도 생략된 듯
아무도 오지 않습니다
밤마저 생략된 당신 앞에
나는 향 하나를
조용히 올려놓고 왔습니다

---

*문태준의 시 「어느 겨울 오전에」에서 인용.

여름

 '8월에 내리는 눈'이라는 드라마가 있었네 2007년 6월 15일부터 8월 17일까지 SBS에서 방영된 금요드라마였네 드라마를 볼 때마다 나는 칼 대신 얼음장 하나 쥐고 사랑하는 사람을 찾았지만 얼음이 녹는 속도로 사랑하는 사람은 녹아버렸네 사람들은 말했네 나에게 칼을 들이댄 사람인 줄 알면서도 피하지 못하는 것 그것이 사랑이라고 불륜과 패륜 그것 말고도 세상엔 툰드라의 얼음장처럼 용서받을 수 없는 사랑이 많다고* 2024년 8월 24일 미국 캘리포니아주의 온도가 38도까지 올라가고 폭염에 산불이 나더니 간밤엔 요세미티 국립공원 남동쪽 시에라네바다산맥 전망대인 미나렛 비스타에 눈이 내렸다고 유에스에이(USA) 투데이가 수심(愁心) 가득 찬 활자로 보도했네 함께 보도된 사진을 보니 거짓말처럼 진짜 눈이 내렸네 요세미티 꼭대기에 쌓인 폭염의 눈을 보며 나는 나의 사랑의 목질도 캘리포니아의 고열과 한파를 오가며 수심(愁心)의 나이테가 깊어 갈 것이라고 요량했네 사랑

---

*드라마 '8월에 내리는 눈'에서 차용 및 변용.

의 칼 대신 네바다산맥의 눈을 움켜쥐고 열대야 속에 겨우 잠든 밤 나는 다시 '8월에 내린 눈'을 감상하며 녹아내린 내 내부의 눈을 일일이 헤아렸네 사랑은 마치 한여름에도 폭염과 고열과 한파가 번갈아 오는 것처럼 귀뚜라미와 풀여치의 비릿한 울음소리가 나의 가을 속으로 자욱이 젖어들었네 목질의 여름이지만 여름이 아니었네

허공

 짐작하자면, 허공은 텅 비어 있다고 생각했다 입체가 아니라 생각했다 무생물이라 생각했다 무정물이라 생각했다 지구의 외피라 생각했다 서쪽에서 딱따구리 한 마리가 날아와 상수리나무를 딱딱 쫄 땐 허공도 아팠을 것이라 생각했다 뭉게구름이 오기 전까진 무채색이라 생각했다 천둥 번개가 치기 전까진 평면이라 생각했다 아무나 잡을 수 있다고 생각했다 눈도 없고 귀도 없고 코도 없고 입도 없는 무위(無爲)라 생각했다 부피와 무게가 없는 하늘의 밀도라 생각했다 참이라 생각했다 저울로 달 수 없는 시간의 은유라 생각했다

 꽃을 보고 알았다 허공의 문양을 벼락을 보고 알았다 허공의 법도(法道)를 비를 보고 알았다 허공의 연못을 새떼를 보고 알았다 허공의 날개를 흰 눈을 보고 알았다 허공의 두께를 폭풍을 보고 알았다 허공의 안쪽을 햇빛을 보고 알았다 허공의 높이와 넓이를 구름을 보고 알았다 허공의 안감을 그 뒤로 나는 허공을 움켜쥐지 않기로 다짐했다 함부로 올라가지 않기로 다짐했다 하늘에 주먹질

하지 않기로 다짐했다 만물(萬物)의 집인 허공이여 불변이여 불멸이여 고집멸도(苦集滅道)여

2부

담배를 문 해골

서쪽 노을이라는 거울 앞에서

 하늘의 상처가 어디서부터 어디까지인지 측량하기도 전에 연하지벽(煙霞之癖)이라는 서쪽의 노을은 선홍의 피를 계속 흘리고 피의 윤곽을 한 번도 제대로 본 적 없는 나는 서쪽 노을이라는 거울을 볼 때마다 너의 상처가 어디서부터 어디일까를 다시금 측량하고 그게 궁금해서 나는 또다시 서쪽 노을이라는 거울의 연하지벽을 만나 독거로 사랑놀이를 하고 제대로 된 사랑을 시작하기도 전에 저녁 시궁창 속으로 가라앉은 서쪽 노을이라는 거울의 상처가 침몰선처럼 지금 어느 해저에 가라앉아 있는가를 측량하다가 끝내 그 상처의 너비와 깊이를 알지 못한 채 밤 속으로 익사하는 것이었다 그리고 꿈속에서 또다시 피 흘리는 서쪽 노을이라는 거울의 상처를 찾아 헤매는 것이었다 그리하여 내일은 꼭 어제의 서쪽이라는 노을의 거울을 찾아내 그 상처의 둘레를 재 보아야겠다고 허겁지겁 다짐하는 것이었다

담배를 문 해골*

두런두런, 말도 없이
언구럭도 없이
어쩌다 나는 그렇게
깊은 안와(眼窩)가 됐나
눈썹 없는 눈썹이 됐나
바가지가 됐나
Rootless Tree가 됐나
Rootless Mouth가 됐나
썩었나
녹았나
헝클어졌나
안경도 못 걸치는 마네킹이 됐나
풍경이 됐나
유화가 됐나
데생이 됐나

---

*빈센트 반 고흐가 1886년 1~2월 사이에 그린 작품. 캔버스에 유채, 32.3×24.8*cm*.

추깃물도 없이 아름다운
다듬어지지 않은
공중의 상형문자가 됐나
연서(戀書)가 됐나

담배를 문,

담배를 문,

너의 애인이 됐나

이목구비가 빼어난 너의 해골이 됐나

땅속에서도 담배를 물고 사는

골초가 됐나

독(毒)이 됐나

획(劃)

윤이월, 애면글면 아버지의 무덤을 파헤치자
굵은 획(劃)들이 나타났다
안와(眼窩)의 둥근 획부터
가로 획
세로 획
가지런히
겹쳐지고 포개진 획
살아 있을 때도 아버지는 저런 굵은 획이었을까
주먹붓 상형문자였을까
문양이었을까

양각의 편액글씨였을까

척추뼈인가
주먹붓으로 한 번에 주욱 그어 내린 세로 획을
족제비털붓으로 쓴 가로 획들이
부드럽게 껴안고 있었다

누룩처럼 까치가 산판으로 내려앉는 오후
마침내 나는 알았다
아버지는 땅속에서도 획으로 살아
나를 가르치고 있었음을
발목의 언어로
아들과 딸들을 가르치고 있었음을

산 사람이 죽은 사람을 부르고
죽은 사람이 산 사람을 부르는
먹먹한 날이었다

뭉툭한 획
둥근 획
긴 획
짧은 획
부드러운 획
일자 획
눈썹 획

족제비털붓 획
노루털붓 획
고양이털붓 획
토끼털붓 획을 모두 가슴에 안고
나는 지평선을 향해 걸어가고 있었다

윤이월 찬바람이
자기도 획이 되겠다고 자꾸만 매섭게
터진 허리춤을 파고들었다

황소

 가죽은 따뜻하고 털은 질겼다 살은 완강하고 뼈는 연했다 많은 위(胃)를 채우기 위해 입은 커야 했고 많은 물을 베어 물기 위해 혓바닥은 넓고 길어야 했다 도끼가 뿔을 가르기 전 보시를 위해 사타구니에 진드기도 좀 길러야 하고 쉬파리에게 헌혈도 좀 해야 했다 세월은 잔둥어리 위에서 설렁탕처럼 익어가고 어금니는 분출하는 힘을 반추하기 위해 항상 껌을 씹었다 멍에는 더 이상 멍에가 아니었다 관절을 잡아먹는 건 오히려 시간이었다 코뚜레는 아직도 힘이 살아있다는 증거물이었다 고삐는 아직도 할 일이 남아있다는 비표였다 발정기가 되면 이따금 암구호를 외쳤지만 암구호의 기능을 수의사가 거둬간 지 오래되었다 하느님은 더 이상 천지창조를 하지 않았다 살이 찌고 뼈와 꼬리를 튼튼히 보존하는 것이 발바닥의 임무였다 설렁탕집 무쇠솥에서 황소 한 마리 잘 익어가고 있었다 꼬리도 노릿노릿 무쇠솥을 잘 건너가고 있었다

동백꽃

동백꽃이 피었습니다
내 안에 붉은 병이 들면 당신인 줄 알겠습니다
내 안에 동박새가 날아들면
당신의 붉은 가슴인 줄 알겠습니다
당신은 이미 돌아올 수 없는 사람이 되었지만
내 안의 붉은 병은 여전히 낫지 않습니다
향일암 난간에 기대어
당신의 열꽃처럼 내 몸에 붉게 발묵한 열꽃을 봅니다
열꽃과 열꽃이 만나 붉은 수평선이 된 남해를 봅니다
붉은 잎 당신을 봅니다

옹이

어릴 적 소나무 줄기에 박혀있던 내 눈이, 아직도 그 자리 그 높이에 그대로 박혀있다 그새 나이는 몇 곱절 늘어 눈동자가 좀 짓무르기도 하고 눈곱도 좀 더 달라붙고 주름살도 더 생기고 늘어지고 깊어지긴 했지만 옹이는 여전히 눈이 되어 나를 바라보고 있었다 옹이의 각막은 항상 내가 세상으로 뻗어나가는 눈이었다 길이었다 배고플 땐 생솔가지를 꺾어 껍질을 벗기고 단물을 빨아먹는 지혜를 주고 캄캄한 밤엔 송진에 불을 붙이고 책을 읽는 법도 알려주고 솔잎을 깔고 찐 쑥개떡을 그녀에게 몰래 가져다주는 비밀도 알려주었지만, 눈과 눈, 옹이와 옹이가 하나의 눈, 하나의 옹이가 되는 법은 끝내 알려주지 않았다 그 소나무 앞에 다시 섰지만 옹이는 더 짓물러지고 내 눈도 눈동자도 더 짓물러졌지만 차마 아직도 나는 옹이를 버리지 못한다 옹이를 버리지 못하고 죽을 때까지 옹이로 살기로 결정한다 어디선가 어떤 옹이도 그렇게 살고 있을 것이다

입추(立秋)

오래된 형광등이 꺼졌다 켜졌다 한다
꺼질 땐 어두워졌다가 켜질 땐 밝아진다
형광등이 꺼지면 귀뚜라미가 운다
형광등이 켜지면 귀뚜라미도 멈춘다
귀뚜라미도,
밝음과 어둠의 내용을 알고 있는 것일까
귀뚜라미도,
밝음과 어둠의 내력을 알고 있는 것일까
귀뚜라미도,
가을이 오고 있는 것을 이미 알고 있는 것일까
아들도 떠나가고
딸도 떠나가고
아내도 떠나간 지 오래
말을 잃고 외 홀로 사는 할아버지가
오늘 밤도 잠 못 든 채
늙은 형광등처럼
늙은 눈을 켰다 껐다 한다
귀뚜라미 우는 소리를

귀로 세다 그만두다 한다
저 홀로
밝음 없는 밤만 깊어 간다

환시(幻視)

유골들이 걸어 다니고 있다
삼단봉처럼
뼈가 뼈를 흔들며 걸어 다니고 있다
뼈와 뼈가 마찰을 하는데도 소리가 없다
물기가 없는데도 삐걱거리는 소리가 없다
저 유골은 공무원 뼈
저 유골은 은행원 뼈
저 유골은 실업자 뼈
저 유골은 어린이 뼈
저 유골은 아가씨 뼈
저 유골은 선생님 뼈
내가 헛것인가
저것들이 헛것인가
살점도 없고 눈알도 없는 저것들이
버스를 타고 지하철을 타고
나라를 다스리고 바이올린을 켠다
유골들은 평등하다
살점의 두께가 없으므로

신분과 빈부를 모르므로
뼈 하나가 내 앞으로 다가와 반갑게 인사한다
나도 뼈가 되어 반갑게 악수한다
뼈들이 걸어 다닌다
유골들이 걸어 다닌다
광화문 광장을 청계천 천변을 한강공원을

그런데, 모든 유골들의 표정은 왜 똑 같은가

그러고 보니, 아침약을 안 먹었다

사흘을 굶었다

죽변항에서

 바다가 아니라고 생각했다 내 허벅지에 생긴 흉터의 유역이라 생각했다 지워지지 않은 내 몽고반점의 넓이와 깊이라 생각했다 유형(流刑)이라 생각했다 내 내부의 색깔과 깊이라 생각했다 영혼이라 생각했다 문양이라 생각했다 용왕 멕이의 바라춤이라 생각했다 덜덜 떨며 내가 나를 이끌고 너에게로 가는 수로(水路)라 생각했다 무사귀환을 비는 기도라 생각했다 질긴 오색실이라 생각했다 하루치의 노을이라 생각했다 노을의 피멍이라 생각했다 북빈*의 눈물이라 생각했다 대나무가 많은 바닷가의 통곡이라 생각했다 그래서 북빈의 무게를 모두 달면 내 흉터의 무게도, 무지의 두께도 다 알리라 생각했다 내 내부가 먹어 치운 오징어와 명태와 대게의 양도 알리라 생각했다 나만의, 나를 위한, 나에 의한 연안항이라 생각했다 재색식명수(財色食名睡)라 생각했다 오욕마장(五欲魔障)이

---

*울진군 근북면에 위치한 죽변항은 오징어와 명태잡이로 유명하다. 원래 대나무가 많은 바닷가라 하여 북빈이라 부르다가 북변, 북변동으로 개칭됐으며 행정구역이 폐합되면서 봉수동을 병합하여 북변리로 바뀌면서 북변면에 편입되었다.(위키백과)

라 생각했다 내세(來世)라 생각했다 처음으로 죽변항을 찾던 날, 배 터지게 대게를 먹고 난 다음 날, 사형(師兄)은 먹고 남은 대게의 뼈다귀를 절 앞 텃밭에 포크레인으로 파묻으며 해창호의 진수식을 위해 우리를 봉고차에 태워 죽변항으로 갔다 북소리에 맞춰 오색 번(幡)과 오색실이 하늘 높이 치솟았다 바다가 들숨을 쉬었다 날숨을 쉬었다 마침내 용왕 멕이가 끝나고 어선원들과 함께 시루떡과 소주를 꽃처럼 음복하며 나는 내 흉터의 유역과 몽고반점의 넓이를 내 영역으로 삼았다 우리는 해창호를 타고 죽변항 앞바다를 한 바퀴 돌았다 우-우-우 화양연화(花樣年華)의 대숲 바람이 비로소 죽변항을 덮었다

아침을 먹으러 아침에 간다

아침을 먹으러 아침에 간다
탑이 없는 탑골공원
빗방울처럼 흩뿌려진 비둘기들은
아침이 먹다 버린 아침을 쪼아 먹는다
후루룩 들이킨다
아침은 이미 지났는데
아침을 먹지 못한 아침들이
먹은 아침들과 장기를 둔다
흑과 백
바둑을 두는 아침들도 있다
커피를 마시는 아침들도 있다
벌써 맨소주를 마시는 아침들도 있다
허경영의 하늘궁 무료급식소 자원봉사자들이
점심을 나눠준다
하늘궁의 점심을 아침으로 먹은 아침들이
하늘궁의 하늘이 된다

아침을 먹지 못한 아침들에게

점심은 아침이다
나도 아침을 먹기 위해 점심 길을 나선다
비둘기들이 똥을 갈기며
또다시 아침을 열심히 쪼아 먹는다
비가 내린다
빗방울들이 아침을 쪼아 먹는다
아침 종소리가 다시 아침을 알린다
아침을 다시 먹기 위해 나는 다시
아침으로 간다
하루내 아침이고
하루내 아침이 아니다
아침을 먹고 나는 하루내 아침잠을 잔다
비로소 아침이 온다
드디어 아침이다
마침내 아침이다
이제 빛의 무덤 속으로 들어가
나는 아침잠을 더 자야겠다

정거장

    그대는 종달새가 되어 편육처럼 진달래 꽃잎을 쪼아먹으세요
    나는 다시 시간의 기관사가 되어 철마를 몰겠습니다
    눈을 마주치지 않아도 사랑이라는 것을 시작할 수 있다면
    저는 제일 먼저
    봄의 철길부터 끊겠습니다
    봄의 유리창부터 깨뜨리겠습니다
    죽을 날까지 몇 정거장 안 남았습니다
    봄이 오기 전에
    가을과 겨울의 정거장을 미리 만들어두세요
    파멸의 철길엔 이미 서리와
    첫눈이 내리고 있거든요

비 내리는 동안

 악보 없는 연주지만 가지런하다 비가 내리는 동안 나는 가지런한 숲의 악보를 따라 위낮은청으로 숲의 연주를 듣다가 문득 비와 빗방울의 차이를 생각하고 문득 비와 빗방울의 안팎을 생각하고 문득 비의 외부가 빗방울인지 빗방울의 내부가 비인지를 생각하다가 빗방울이 나뭇잎을 토닥이는 동안 나뭇잎이 연주하는 트럼펫 소리를 귀고리처럼 귓불에 걸고 숲의 귀면은 언제 드러나나 불평도 하다가 계면떡은 언제 얻어먹나 불만도 품다가 작은 북은 언제 두드리나 큰 북은 어느 대목에서 치나 걱정하면서도 숲이 악기를 내려놓자 서책(書冊)을 펼쳐든다 숲속이 느리게 책장을 넘긴다 바다 속으로 책 읽는 소리가 스며든다 심해어처럼, 온 숲이 질펀하다

바다

수평선은 팽팽하네
가야금 줄처럼 언제 튕겨도 소리가 날 듯
잘 메겨져 있네
그래도 미덥지 못한 바다는
하루에 한 번씩은 꼭 주판알을 튕기네
하루치의 덧셈과 뺄셈을 맞추느라
골몰하네
바다의 산술은 한번도 틀린 적 없네
더하기를 해도 꼭 그만큼의 양으로 숨을 내쉬고
빼기를 해도 꼭 그만큼의 양으로 숨을 들이마시네
바다에 덧셈을 해도 바다는 여전히 그 바다네
바다에 뺄셈을 해도 바다는 언제나 그 바다네
덧셈과 뺄셈은 인간의 산술일 뿐
바다의 산술은 아니네
뼈와 살도 인간의 조직일 뿐
바다의 조직은 아니네
그래도 주판알을 튕기듯
아침저녁으로 하루에 한번씩은 꼭 덧셈과 뺄셈을 하는

저 바다는 누구인가
누구의 가야금인가
하루에 한번씩은 꼭 갯벌을 쳐내는 해오라기의 발자국은
누구를 기다리는 언어인가
바다는 내 안에 들어 있네
하루에 한번씩은 꼭 나를 빠져나갔다가
해가 지면 부레와 함께 꼭 돌아오네
아무도 내 안에
바다의 울음이 사는 걸 모르네
내 부레가 사는 걸 모르네

수평선

내부와 외부가 만나 한 외부가 됩니다
중력과 척력이 만나 한 척력이 됩니다
누군가에겐 방
누군가에겐 이불
누군가에겐 평상
누군가에겐 식탁
누군가에겐 꽃밭
누군가에겐 그늘
또 누군가에겐 순정
누군가에겐 입체적 사랑
누군가에겐 슬픈 모서리
누군가에겐 서러운 평면
누군가에겐 뜰
누군가에겐 밤
누군가에겐 생명
당신과 나의 입술이 맞닿은 자리에서
파도의 맥박 소리를 듣습니다
귀엣말을 듣습니다

양파

생각의 각막처럼
벗겨도 벗겨도
생각이다
까고 까도
외부다
내부가 없는
색(色)의 소멸이다
해탈이다
열반이다
공(空)이다
마침내 쏟아지는
공의
눈물
외부의 내부

3부

돌고래를 찾아서

겨울산

혹한의 겨울산에 드네
어디선가 짐승 우는 소리가 들리네
산등성이 우는 소리가 들리네
산딸나무 우는 소리도 들리네
산사인가
교회인가
능선으로 기어 올라오는
종소리
부서진 종소리
오소리 발자국 따라 올라가다
오소리 구멍을 만나네
혹한의 생명 몇 마리가 동그맣게
눈을 뜨고 있네
혹한의 생명들이
혹한의 눈빛으로
혹한의 생명을 보네
종소리가 내려오네
겨울산이 그윽하네

주먹

홍천강 유역에서 주워온
저 한 호흡
한 응집

저 자갈 한 알의 힘으로
나는 세상의 모든 외부를
버텨왔다

세상 너머 세상까지
통독(通讀)하며
밑줄 그으며
왔다

오늘도
물속에 젖어 있는
저 자갈
저 한 권의
책

밤하늘에서
또렷이
반짝이는
저 별 한 개의
중력

나는 또다시
물속의 책을 읽으며
또렷이 굴러갈 것이다
자작나무처럼
똘배처럼

장마

어제 온 비, 오늘 또 온다

대숲 미루나무는 며칠째 어깨를 늘어뜨리고 있다

마당의 오동나무는 잎 진 자리에 또 잎 떨구고 있다

씻어갈 것이 얼마나 더 남았는지

씻겨질 것이 얼마나 더 남았는지

씻어질 것이 얼마나 더 남았는지

몇 사람은 죽고

몇 사람은 실종되고

닭들은 폐사하고

다리는 끊기고

산들은 무너지고

풀들은 일어서지 못하고

농부들은 하염없이 흙탕물에 잠긴 논만 바라보고 있다

시간마다 노란 옷 입은 사람들만 텔레비전에 나와 무어라 해댄다

가슴 미어질 일 없는 나도 괜시리 하늘 보며 가슴 미어진다

어제 비 온 자리, 오늘 또 비 온다

간이역

아침에도 적막하고

오후에도 적막하고

저녁에도 적막하다

대합실은 텅 비어 있고

나 홀로,

간이역에 섰다

철로변에 구절초 한 무더기

나 같다

나처럼 섰다

구절초는 그동안

몇 번이나 피었다 지고

눈은 또 몇 번이나 쌓였다 녹았을까

먼 고사(古寺) 같은 간이역

전봇대 위에 참새 한 마리

햇살과 결혼하고 있다

신부도 없이

간이역 예식장에서

혼인하고 있다

저 혼자 축가도 부르고

저 혼자 성혼 선언도 하고

주례사도 하고 있다

소낙비처럼

모처럼 왁자지껄한 간이역 예식장

부케를 받아 든 구절초들이

이번에는 우리들 차례라며

연신 박수를 치고 있다

바라춤을 추고 있다

아침에도 적막하고

오후에도 적막하고

저녁에도 적막한

간이역

기적이 없는 간이역

간이역 혼자 간이역을 지키고 있다

나한(羅漢)처럼 지키고 서 있다

동병상련
—고 이현철 친구에게

꽃 곁에 꽃이 있다
풀 곁에 풀이 있다
비 곁에 비가 있다

누가 꽃을 꺾는다
누가 풀을 꺾는다
누가 비를 맞는다

얼마나 아플까
얼마나 쓰릴까
얼마나 찰까

비가 비를 감싼다
풀이 풀을 감싼다
꽃이 꽃을 감싼다

저
동병

저

상련

그래서 함부로 꽃이 되지 못하는 거다

그래서 함부로 풀이 되지 못하는 거다

그래서 함부로 비가 되지 못하는 거다

먼 들판에

허수아비 한 사람

서 있다

허수아비 한 사람

목 빼고 있다

주제도 없이

밑줄도 없이

그 끝까지 갔다

나 혼자

온다

풍죽도(風竹圖)

바람이 불자 대나무 잎사귀가 지붕에서 지저귄다

또 한 번 바람이 불자 대나무 잎사귀가 공중으로 번진다

저 발묵(潑墨)

저 극명한 선염법(渲染法)

독거(獨居)

들고양이처럼 혼자 산다는 건
이젠 세상 따위는 읽지 않겠다는 것

동백나무 악보에도 귀 기울이지 않고
길고양이 음악에도 귀 기울이지 않고

사막이 되겠다는 것
낙타가 되겠다는 것

혼자 방바닥을 매는 호미가 되겠다는 것
돌아가지 않는 벽시계가 되겠다는 것

오래된 벽에 걸려 있는
옷 한 벌이 되겠다는 것

비 오면 비로 살고
눈 오면 눈으로만 살겠다는 것

숟가락 한 개와 젓가락 두 짝만
소유하고 살겠다는 것

슬퍼도 슬퍼도
절대로 울지 않는 선인장이 되겠다는 것

백사마을 달동네 어귀에
백양나무 한 그루 비에 젖고 있다

동면(冬眠)

헤어짐의 쓴맛을 맛본 나는 그 겨울을 완강히 거절했다

그러나 아무리 거절해도 겨울은 겨울로 오고

눈은 눈대로

기어코 내렸다

냉대림의 수은주는 또 수은주대로 내려가고

고드름을 비수처럼 베 문 나는

눈 내리는 벌판을 끝없이 걸어갔다

수은주의 붉은 색처럼

사랑의 붉은 형식과 헤어짐의 붉은 문법을 모르는 나에게

겨울은 냉혹했다

냉혹을 이불 삼아 나는 겨울잠을 잘 잤다

추위도 없이 혹독도 없이 그해 겨울은 그렇게 참, 잘 지나갔다

나도, 내 잠도 동계훈련을 참, 잘 마쳤다

봄이 왔으므로, 나도, 내 잠도, 청보리밭을 잘, 뛰어갔다

따뜻한

숙면의 겨울이었다

다시 죽변항에서

 그러니까, 저런 포유류가 어디 있나 저런 파고가 어디 있나 저런 궁뎅이춤이 어디 있나 저런 꼬리춤이 어디 있나 저런 통곡이 어디 있나 저런 농담(濃淡)이 어디 있나 저런 이목구비가 어디 있나 저런 대나무 숲이 어디 있나 저런 대나무 숲의 뼈와 갈비가 어디 있나 저런 아가미와 입술이 어디 있나 대나무 숲을 할퀴고 가는 저런 지느러미가 어디 있나 부레가 어디 있나 우레가 어디 있나 활주로가 어디 있나 증발지가 어디 있나 포르말린이 어디 있나 밤새도록 나와의 대화가 끝나지 않았기에 나는 통통배를 타고 수평선으로 미끄러져 갔다 대나무 숲이 한 옥타브 더 높여 죽변항의 음역을 뒤흔들었다 더 큰 포유류 한 마리가 내 늑간으로 들어왔다 염(殮)이 끝나고 드디어 내 파도장(葬)이 이루어졌다

궁리항에서

더 이상 궁리하지 마세요
궁리(窮理)하다
궁리 속으로 익사한
궁리를 보았어요
궁리를 하려면
리아스식으로 하세요
놀 궁리만 하세요
봄처럼
수양버들잎처럼
간지럽고
가볍고
맑고
부드럽게
원형적으로

아파트

불빛이 불빛을 물어다주고 있다

목덜미와 목덜미들이
서로의 목덜미를 움켜쥐고 시치미를 떼고 있다

1층부터 35층까지
35층부터 1층까지,
아니 지하까지
내부까지
중력들이 무겁다

10년을 고고샅샅 같이 오르내렸어도
매양 그림자 얼굴이다

이렇거니저렇거니
나도 매양 실루엣이다

지레짐작 매꾸러기다

뭉개진 정문경(精文鏡)이다

계단이 계단을 물고
꽃밭으로 떨어질 시간

하얀 앰뷸런스 한 대가
중력의 내부로 들어왔다

너도
이번 생은 망했구나

'이생망' 한 마리가 빗물처럼
닭장 안으로 고여드는 시간

빛과 빛들이 침묵하는 암전의 시간

어떤 시론(詩論)

시를
시라고 말하지 말자
목련이라고 말하자

목련을
목련이라고 말하지 말자
시라고 말하자

꽃을
꽃이라 말하지 말고

눈물을
눈물이라 말하지 말고

말[馬]이라고
말하자

언제 어디로

튀어갈지 모르니까

주제도 문법도 없는 인간이라고
말하자 말하자
함께 살자고

빈집처럼 컴컴한 밤이라고 해두자

나라고 해두자

파편이라고 해두자

놀

아무래도
모르는 것이 좋겠지

너의 입,이
나의 찢어진 입,이라는 걸

너의 상처,가
나의 상처,라는 걸

너의 얼굴,이
나의 얼굴,이라는 걸

아무도
모르면 좋겠지

그러면 더
좋겠지

그러면 피,

덜 번지겠지

흉터도
덜,
뭉개지겠지

돌고래를 찾아서

돌고래를 찾아서 칠불사에 갔네
돌고래는 없고 아자방(亞字房)만 있었네
노스님에게 물었네
돌고래를 찾으러 왔다고
어딜 가야 돌고래를 만날 수 있냐고
노스님이 빙그레 웃었네
"아자방에 들어가 봐"
"들어가 봤는데 돌고래는 없고 돌 구들만 있던데요"
"아직도 미망이구먼 돌 구들장 밑을 들여다봐
 그 안에 석 달 열흘 동안 크고 따스한 돌고래 한 마리가 헤엄치고 있을 거야"
다시 아자방에 들어가 보았네
아무리 찾아봐도 돌고래는 없고
확돌만 있었네
노스님의 둥근 웃음과
손가락만 있었네
석 달 열흘 동안 따스한
돌고래의 지느러미만 있었네

나는 종일 돌고래 꼬리만 잡고
바람에 번졌네
번지고 보니
내가 바로 돌고래였네
돌고래가 사는
칠불사 아자방이었네

탑

낱알처럼 외로워지지 않으려고 사람들이 탑을 쌓았다

낱알처럼 외로워지지 않으려고 사람들이 쌓은 탑이 외로움이 되었다

좀처럼 허물어지지 않는 외로움

낱알

내 속엔 직립이라는 짐승 한 마리가 살고 있다

내 속엔 직립이라는 짐승 한 마리가 살고 있다

잠잘 때 몸을 웅크리는데도 직립은 직립으로 서서 날카롭다

우뚝하다

애초부터 직립이라는 이 동물은 나의 내부에서 나와 함께 동거하고 있었음을 비로소 알았다

4부

여우별

여우별

 덧칠을 하기도 전에 여우는 여우 꼬리만큼의 외부를 드러냈다가 구름의 내부 속으로 사라져버린다 여우 꼬리를 찾기 위해 나는 장화를 신고 먹장구름 속으로 들어간다 우레가 오기 전에 꼬리를 찾지 못하면 여우는 전도몽상(顚倒夢想), 이슬 같고 그림자 같고 번개 같고 물거품 같은 꿈속으로 숨어버릴 테고 나는 한 줌의 별도 만나지 못한 채 기체가 되어버릴 것이다

12월 31일 자정에 내리는 빗속에서

올해 내리는 마지막 비가 마지막으로 내린다
낮은 음색(音色)으로
더 낮은 음색으로
마당에 뒤뜰에 대나무숲에 버드나무에 오동나무에 내린다
미안하다고
흰 눈의 장막으로
너와 나의 고립된 고독과 검은 정신과 깊은 땅꺼짐을
다 덮어 주지 못해 미안하다고
미안하다고
낮은 음색으로
혀를 차며 내린다
사랑아, 사랑아, 늦은 사랑아
이제 어느 넌출로 오려는가
어느 창문으로 오려는가
12월 31일 자정의 언덕에서
비옷도 없이
보슬보슬 마지막 비를

마지막으로 맞고 있는 사랑아,
자정의 사랑아,

꽃밭에서

꽃밭에 나의 외부가 눕는다
꽃밭도 제 외부를 눕힌다
내가 눕는 꽃밭의 면적과
구겨진 꽃밭의 면적은 항상 같다
지상에서 내가 차지하는 안팎의 면적은
언제나 똑같다
꽃밭도 마찬가지다
면적이 울면
꽃밭도 울고
꽃밭이 울면
면적도 운다
구겨진 꽃밭의 면적만큼 운다
꽃밭에서 비릿한 냄새가 난다
옹알이 소리도 들린다
꽃밭 속에는 우리 말고도
다른 누군가가 분명히 있다
대적(大寂)이 있다
광배(光背)가 있다

꽃밭에 나의 외부가 눕는다
꽃밭을 광배로
나의 내부를 눕힌다

죽변항 근해저망 통발 21톤 2310901-6479306
해창호 설홍연 선주에게

 코발트빛 바다가 흑자색으로 변했다가 흑자색빛 바다가 코발트색으로 변했다가 근해저망 통발 21톤 2310901-6479306 해창호가 코발트빛과 흑자색빛을 함께 벼려 죽변항 먼바다로 밀고 나갈 때 선주는 무사귀항을 요량하고 선장은 만선귀항을 요량하는 새 난바단지 든바단지 요량할 틈도 없이 수평선을 쏜살같이 달려나간 해창호는 바다의 속살에 통발을 박은 채 그물코로 어도(魚道)를 막고 있는 동안 종일 방파제만 바라고 섰던 죽변항은 아침저녁도 굶은 채 너울너울너울이 너울너울 걸어올 때마다 깜짝깜짝 놀라 갈매기 날갯짓 방향 따라 울다가 웃다가 웃다가 울다가 바다 그리메에 서서 수묵(水墨)의 붓질을 하며 근해저망 통발 21톤 2310901-6479306 해창호가 바다의 내부가 상처 나지 않게 돌아올 시간을 묵화(墨畵)처럼 묵묵히 기다리는 것이었다 입꼬리 당김근을 꽉 당기고 고래가 솟아오르듯 죽변항 가시광선 속으로 해창호가 솟아오르기를 목이 빠져라 늘어뜨리며 붉은부리갈매기가 되고 있는 것이었다

폐쇄병동 이후

그동안 나는 얼마나 멸균됐을까

마음은,

정신은.

육체는, 얼마나 소독됐을까

나뭇잎이 되었을까

천치(天癡)의 저녁

아득한
백제(百濟)의 저녁

아들이
"누구요?"가 되고

"누구요?"가
"오메, 내 큰아들"이 된다

광주요양병원 203호실 2침대에 마른미역처럼 누워 계시는 어머니
　침대 위에 침대가 되어 요처럼 누워 계시는 어머니

"누구요?"가 되는 순간
나는 천치(天痴)가 되고

"오메, 내 큰아들"이 되는 순간
나는 길 잃은 눈물이 된다

"누구요?"가 된다는 건
아직도 내가 사람이라는 뜻

"오메, 내 큰아들"이 된다는 건
내가 지극히 잘 못 산 인간이라는 뜻

"누구요?"와 "오메, 내 큰아들" 사이에서
나는 나뭇잎처럼 나의 남은 생을 보고
나의 남은 생 앞에 선 자식들을 본다

내 자식들도 나의 "누구요?"가 될까
나뭇잎이 될까
나도 "누구요?"를 보고 "오메, 내 큰아들"을 볼 수 있을까

광주요양병원 203호실 2침대
간병인이 떠 넣어주는 밥을 오늘도 여래(如來)처럼 잘

먹고 계시는 어머니

"누구요?" "누구요?"를 병실에 남겨 놓고
나는 정말로 "누구요?"가 되기 위해
서울행 심야고속버스에 올라탄다

"누구요?"들이
버스 안에 꽉 차 있다

"누구요?"들이
지하철을 꽉 메우고 있다

"누구요?"를 찾아
전셋집 문을 열고 들어간다

아무것도 모르는 "누구요?"들이
생선처럼 저녁밥을 먹다 말고 "누구요?"를 바라본다
천치를 바라본다

"누구요?" "누구요?"

달도 새까만 저녁,

천치의 저녁,

아득한

백제의 저녁,

호상(好喪)

신발들이 얼크러져 있다
신발 위에 신발이 있고
신발 밑에 신발이 있다
화장실에 가고 싶은데
도무지 내 신발을 못 찾겠다

오늘은 호상(好喪)
상주도 문상객도
주검의 안부는 묻지 않는다
형식적인 인사와
형식적인 꽃과
형식적인 향과
형식적인 소주와
형식적인 과일과
형식적인 촛불과
형식적인 돈봉투가
오늘의 주검 형태와
주검의 내용을 잘 보여주고 있다

죽으려면 잘 죽어야 한다
오늘의 주검처럼
기쁘게 죽어야 한다

얼크러진 신발들이 웃고 있다
아가리를 벌린 채 끼득끼득 하고 있다
저 속에 주검의 신발도 있으리라
내 신발도 신발을 뒤집어쓰고 있으리라

오늘은, 퍽, 가볍다
죽음이
주검이

가을에

찌르르르, 가을은 항상 내 달팽이관으로 먼저 온다

찌르르르, 풀숲과 함께 먼저 온다

귓바퀴가 간지러워 풀숲으로 들어가니

아뿔싸, 아무것도, 없다

가을이 다 가고서야 비로소

귀뚜라미가 풀숲을

이미 다녀갔음을 알겠다

찌르르르, 달팽이관을 닫아도

갈 것은,

그렇게, 간다

서럽지 않게,

간다

울음

울음은 흉터다
울음은 노을이다
울음은 꽃이다
울음은 노래다
울음은 하모니카다
울음은 기차다
울음은 다이아몬드다
울음은 악보다
울음은 파도다
울음은 고래다
울음은 탱자다
울음은 산호초다
울음은 찹쌀이다
울음은 공양이다
그래서 그래서 울음은 울음은
참이다
능인(能仁)이다
능인이다

장갑 한 짝

눈길에 손목 하나 기어가네
한 손목은 어디 가고
한 손목만 기어가는가
종소리가 밀려오네
잃어버린 손목을 찾아서

밥의 시간
―173 폐쇄병동, 그 후

무음으로 앉아

일제히 호명을 기다린다

이름이 불려지고

불려진 자리에 식판이 배달된다

배당된 식판과 함께 저녁은 오고

순서도 없이 차례도 없이

밥의 시간은 시작되고

위도 없이 아래도 없이

먼저 밥의 시간을 끝낸 이들이 순서대로 일어나서

복도로 나간다

더러는 상식적으로 양치질을 먼저 하러 가고

더러는 상식보다 건강이 먼저라는 듯

끝에서 끝까지 복도를 왕복한다

남병실 끝에서 여병실 끝까지

흘러갔다 흘러온다

나도, 상식보다는 건강을 이끌고

복도 끝에서 복도 끝까지 흘러갔다온다

걸을 때마다

주석 없인 도저히 읽어낼 수 없던 기억들이 스물스물 되살아나

나를 이끈다

생의 마지막 같은 밥의 시간,

만찬의 시간,

누가 먼저랄 것도 없이 만찬을 끝낸 무음의 입들이

제 방으로 돌아간다

제 방으로 돌아가 남은 하루치의 시간을 보낸다

무음으로 삼킨 밥알들이 낱말처럼 뱃속을 굴러다니고

흐르지 않은 시간 너머로 조용히 바람이 흐른다

강화유리창 너머로 고요히 강이 흐른다

흐르는 것만이,

생의 유일한 목표라는 듯,

저녁이, 깊다

집

탱자 울은
작고 가벼운 것들의 집이네
참새,
박새,
오목눈이,
굴뚝새,
무섭고 날카롭지만
탱자 울은
작고 가벼운 것들에게
안전핀처럼
가장 깊고 따스한 품이네

여리고 가는 부리로
작은 것들이 단단한 노래를 부르네
스타카토처럼 짧게 짧게 세상을 끊고, 찍어,
단단한 노래를 부르네

나는 땅처럼 몸을 낮추고

탱자 울을 깊숙이 들여다보네
손가락 한 개를 가시 속으로 깊숙이 넣어보네
탱자 울과 나와 작고 가벼운 것들이
수묵화로 발묵하네
탱자 울 새로 바람이 스며드네
그 새로 단단한 아버지가 지나가네

가시처럼 홀쭉하고
단단한
아버지가 지나가네

여름 장독대

공(空)과 공 사이에서 독이 웁니다
빈 독인가 봅니다
독 우는 소리가 애잔합니다
독 우는 소리가 처량합니다
조선 아낙 같은 독들은
이 여름밤이 서러운가 봅니다
빈 밤이 애처로운가 봅니다
누가 빚어내는 울음일까요
누가 빚어내는 바람일까요
뒤란에서 수군거리던 청죽(靑竹)들이
장독대를 보고 허리를 숙입니다
그걸 보고 나도 장독이 됩니다
장독대가 됩니다
공이 됩니다
울음이 깊어지면
장독들의 깊이도 더 깊어질까요
밤이 되자 장독대 위로
우르르 별들이 쏟아집니다

달빛들이 쏟아집니다
아제아제 바라아제 바라승아제가 쏟아집니다

어떤 고백

모닥불처럼 다들
주점 식탁에 둘러앉아 술을 마시는데
나, 혼자 술을 마시지 못한다는 것은
큰 비애(悲哀)다
큰 천치(天痴)다

젓가락처럼 다들
주점 식탁에 둘러앉아 즐겁게 마신 술값을
한 잔도 안 마신 내가 계산하고 나온다는 것은
더 큰 비애다
더 큰 천치다

1993년 6월 17일
극명한 그 비애가
극명한 그 천치가
사슴처럼 나를 살렸다

극명한 그 비애가

극명한 그 천치가
2025년 6월 17일까지 나를 살리고 있다
신장(神將)처럼 나를 수호하고 있다

즐거운 비애
행복한 천치

음악 같은 그 천치가 되기 위해
그 비애가 되기 위해
나는 오늘도 기쁘게 술값을 번다

천치에겐 천치만큼의 술값이
비애에겐 비애만큼의 술값이
슬기롭게 주어진다

천치의 노동
비애의 노동
일모(日暮)의 노동

천치를 위해 비애를 위해
앞으로도 나는 비굴하게 노동할 것이다
비굴하게 굴종할 것이다

알코올 앞에, 모닥불 앞에, 죄를, 빌 것이다
신성하게,

해설

해설

내부와 외부, 그 진공묘유(眞空妙有)의 세계

고봉준(문학평론가, 경희대 후마니타스칼리지 교수)

 승한 스님의 시집 『응시와 가장 가까운 곳』은 '폐쇄병동' 이후의 세계가 배경이다. 전작 『그리운 173』(문학연대, 2021)에서 시인은 '강화유리창'으로 표상되는 폐쇄병동에 갇힌 한 인간의 내면을 통해 극한의 사유를 보여주었다. '강화유리창'과 '173'으로 지시되는 폐쇄병동은 일종의 예외 상황이다. 그곳에서는 개인을 둘러싸고 있는 사회적인 보호막, 그러니까 인간으로서의 기본권이나 취향, 취미 같은 사적인 요소가 작동하지 않는다. 『그리운 173』에서 이러한 예외적 상황은 '강화유리창'에 의해 물리적으로 분할된 불연속적인 세계로 제시된다. 가령 "강화유리창 밖으로 봄눈이 내립니다"(「173 폐쇄병동―봄눈」), "강화유리창 밖으로/ 밤새 내리는/ 명주실"(「173 폐쇄병동―좌선(坐禪)」) 같은 진술처럼 '강화유리창' 바깥의 세계는 볼 수는 있으나 결코 만질 수는 없는 시각적 대상일 뿐이다. 이러한 공간적 분리는 "달력이 있어도/

날짜가 가지 않는 집/ 시계가 있어도/ 시간이 가지 않는 집/ 눈이 와도/ 춥지 않은 집"(「173 폐쇄병동—상처」)이라는 표현처럼 실상 시간적 분리의 이면이라고 말할 수 있다. 이번 시집에 수록된 작품에서도 "흐르지 않는 시간 너머로 조용히 바람이 흐른다// 강화유리창 너머로 고요히 강이 흐른다"(「밥의 시간—173 폐쇄병동, 그 후」)처럼 두 세계는 서로 다른 시간의 질서에 지배되는 세계로 형상화된다. 요컨대 '강화유리창' 내부는 세계의 일부가 아닌 곳, 즉 다른 세계이며, 이곳에서 시간은 세상과 다른 방식으로 흘러간다. "밤이 없는 25시,"(「173 폐쇄병동—상처」), "잠이 안 와도 반드시 잠을 자야 할 시간"인 "지루한 밤 10시, 가지 않는 밤 10시, 비루한 밤 10시, 더러운 밤 10시, 오지 않으면 더 좋을 밤 10시,"(「173 폐쇄병동—밤 10시」), "정물(靜物)의 시간"으로 돌아가는 "투약 시간"(「173 폐쇄병동—조화(調和)」)처럼 '강화유리창' 내부의 시간은 개인의 의지와 무관한 방식으로 분할된 시계-시간이다. 『그리운 173』은 이러한 예외적 상황에서 건져 올린 심연의 사유라고 평가할 수 있다.

  이를테면, 흑이 색(色)일 때 백은 공(空)이다 백이 색일 때 흑은 공이다 따라서 바둑을 둔다는 것은 이를테면 색즉시공과 공즉시색의 연속무늬이다 색은 외부고 공은 내부다 공은 내부고 색은 외부다 따라서 이들이 한 외부와 한 내부로 엮여 한 외부가 되고 한 내부가 되는 일은 결코 없다 색과 공이 하나로 묶여 한 색이 되고 한 공이 되는 일 또한 결코 없다 가로 42.42cm, 세로 45.45cm의 공간에서 19줄의 가로 세로 교차점은 흉터다 그 흉터 속에는 우레와 천둥이 산다 따라서 점과 점의 교차점에서 일어나는 모든 흉터는 화두다 있으면서 없고 없으면서 있는 진공묘유의 공안(公案)이다 더 놀라운 것은 만져지지도 않고 보이지도 않는 반집 승과 반집패라는 시원의 흉터다 세상에서 처음으로 가로 42.42cm, 세로 45.45cm의 심연과 넓이와 부피와 19줄의 흑과 백이라는 공과 색을 빚어낸 이는 그 반집의 흉터를 알고 있었을까 진공묘유라는 그 우레와 천둥의 소리를 알고 있었을까 그 흉터의 무게와 깊이와 넓이를 알고 있었을까 그 흉터 앞에서 한 사람은 울고 한 사람은 웃지 못할 거라는 그 혁명의 근원까지 알고 있었을까 그 반집의 흉터가 수천 만 원에서 수억 원에 이르는 색이 되고 공이 되고 진공묘유가 될 거라는 걸 환산하고 있었을까 오늘도 무수한 공과 색, 흑과 백, 외부와 내부가 반집의 위대한 연소를 위해 사색(死色)을 다해 사색(思索)한다

「바둑」부분

'폐쇄병동' 이후의 세계를 배경으로 한 이번 시집의

특징은 시의 길이가 길어지면서 산문시의 형태를 띤 작품이 많은 것, 그리고 불교적 사유가 두드러지는 불교시의 성격을 띤다는 것이다. 실제로 이 시집에서 시적 사유의 모티프가 되고 있는 안과 밖, 내부와 외부, 있음과 없음, 색(色)과 공(空) 등의 개념은 불교적 사유에 관한 이해가 전제되지 않으면 그 의미가 제대로 이해되기 어렵다. 하지만 필자에게는 불교적 사유를 정확하게 설명할 능력이 없으므로 여기에서는 시적 표현에 밀착하여 주요 작품들을 읽어보려 한다. 이 시의 핵심적인 문제의식은 색(色)과 공(空)에 대한 인식이다. 화자는 흑과 백, 즉 상반되는 색깔의 바둑알을 보면서 색(色)과 공(空)의 관계를 떠올린다. 『반야심경』에 나오는 색즉시공 공즉시색(色卽是空 空卽是色)은 물질과 비물질, 존재와 비존재, 즉 현상과 본질이 다르지 않으며 상호 의존적으로 존재함을 이야기하는 경구이다. "흑이 색(色)일 때 백은 공(空)이다 백이 색일 때 흑은 공이다"라는 진술은 화자가 이러한 사유에 기대어 바둑돌을 바라보고 있음을 알려준다. 이러한 불교적 사유는 다음 순간 "색은 외부고 공은 내부다 공은 내부고 색은 외부다"라는 진술처럼 '내부-외부'의 관계로 변주된다. 이것은 불교 특유의 관계론적 사유를 시적으로 표현한 것이다. 근본 교리인 연기(緣起)와 공(空) 사상에서 확인되듯이 불교는 어떤 현상도 독립적으로 존재하지 않으며 모든 것은 우주라는 거대한 관계망 속에서 공동 발생한다고 주장한다. 불교에서 흔히 이것이 없으면 저것도 없다는 식으로 표현하는 것이 바로 이런 사유의 흔적이다. 이 연기(緣起)의 법칙 아래에서는 영원불변하는 본질이나 자아는 존재할 수 없다. 공(空)은 이러한 연기의 원리를 설명한 것이다. 이 시에서 흑과 백, 즉 바둑알의 관계가 정확히 그러하다. 바둑판 위에서 흑과 백은 서로 다른 것이지만, 그럼에도 불구하고 하나가 있기 때문에 다른 하나가 존재할 수 있다. 그것들은 동일한 것은 아니지만 그렇다고 완전히 독립적으로 존재하는 것도 아니다. "이들이 한 외부와 한 내부로 엮여 한 외부가 되고 한 내부가 되는 일은 결코 없다 색과 공이 하나로 묶여 한 색이 되고 한 공이 되는 일 또한 결코 없다"라는 진술이 바로 이러한 관계를 설명한 것이다. '반집'이라는 개념 또한 이와 유사하다. '반집'은 무승부를 방지하기 위해 만들어진 규칙의 일부일 뿐 바둑판 위에 실재하는 대상이 아니다. 그렇지만 '반집'이 없다고 말할 수도 없다. 그것은 엄연히 존재한다. 그것은 무승부를 방지하기 위해 만들어진 규칙이며, 때로는 "수천만 원에서 수억 원에 이르는 색"이 되기도 한다.

짐작하자면, 허공은 텅 비어 있다고 생각했다 입체가 아니라 생각했다 무생물이라 생각했다 무정물이라 생각했다 지구의 외피라 생각했다 서쪽에서 딱따구리 한 마리가 날아와 상수리나무를 딱딱 쫄 땐 허공도 아팠을 것이라 생각했다 뭉게구름이 오기 전까진 무채색이라 생각했다 천둥 번개가 치기 전까진 평면이라 생각했다 아무나 잡을 수 있다고 생각했다 눈도 없고 귀도 없고 코도 없고 입도 없는 무위(無爲)라 생각했다 부피와 무게가 없는 하늘의 밀도라 생각했다 저울로 달 수 없는 시간의 은유라 생각했다

꽃을 보고 알았다 허공의 문양을 벼락을 보고 알았다 허공의 법도를 비를 보고 알았다 허공의 연못을 새떼를 보고 알았다 허공의 날개를 흰 눈을 보고 알았다 허공의 두께를 폭풍을 보고 알았다 허공의 안쪽을 햇빛을 보고 알았다 허공의 높이와 넓이를 그 뒤로 나는 허공을 움켜쥐지 않기로 다짐했다 함부로 올라가지 않기로 다짐했다 하늘에 주먹질하지 않기로 다짐했다 만물(萬物)의 집인 허공이여 불변이여 불멸이여 고집멸도(苦集滅道)여

「허공」 전문

이 시도 공즉시색 색즉시공(空卽是色 色卽是空)의 진리를 시적으로 변용하고 있다. "허공은 텅 비어 있다고 생각했다"라는 진술처럼 이 시는 공(空)에 대한 오인에서

시작된다. 알다시피 허공에는 형상이 없다. 상식적인 눈으로 보면 허공은 텅 빈 상태처럼 보이기에 형상이 없다고 말하는 것이다. 하지만 이 세상에 아무것도 존재하지 않는 '텅 빈' 공간이 존재할까? 서양 근대과학의 창시자로 평가되는 뉴턴이 제안한 절대 공간(Absolute Space)이 바로 그런 공간이다. 뉴턴은 물질의 존재나 운동과 독립적으로 존재하는 3차원의 공간을 설정했다. 하지만 현대과학은 이런 절대 공간을 신뢰하지 않는다. 아무것도 존재하지 않는 텅 빈 공간이 실재한다는 믿음은 대부분 특정한 이데올로기의 결과인 경우가 많다. 과거 중동전쟁 당시 이스라엘 군대는 사하라 사막이 텅 빈 곳이라고 주장하면서 탱크 부대를 앞세워 사막을 가로질렀다. 그곳에는 수없이 많은 베두인족이 살고 있었지만 이스라엘 군인들에게 특정한 나라의 '국민'이 아닌 베두인족은 사람으로 인식되지 않았던 것이다. 아니, 베두인족만이 아니다. 사하라 사막에는 크고 작은 생명이 살고 있었을 것이지만 군인들의 눈에는 그곳이 텅 빈 곳으로 인식된 것이다. 서구적 사고, 특히 기계론적 세계관에서 공(空)은 무(nothingness)로 인식된다.

불교에서 공(空)은 '비어 있음'을 뜻하지만, 그렇다고 무(nothingness)는 아니다. 우리는 종종 '텅 빈 하늘'이라는 표현을 사용하지만, 실제로 아무것도 존재하지 않는 공간이나 하늘은 없다. 인도의 승려 용수(Nagarjuna)

는 공(空)은 곧 연기이며, 연기야말로 중도라고 설파했다. 여기서 공(空)은 모든 것이 다른 조건에 의존하기 때문에 고정된 자체의 본성이 없다는 것, 즉 독립적으로 존재하는 자성(自性)이 없다는 의미이다. 현대적인 관점에서 자성(自性)이 없다는 말은 만물이 끊임없이 변화하는 과정으로 존재한다는 뜻이다. 가령 "벽을 만나면 벽이 되고요/ 담장을 만나면 담장이 되고요/ 집을 만나면 집이 되고요/ 나를 만나면 내가 되고요"(「담쟁이넝쿨의 생존법」)라는 인식이 대표적인 사례이다. 화자는 1연에서 '~생각했다'라는 문형을 반복하면서 '허공'에 대한 자신의 인식이 잘못된 것이었음을 고백하고 있다. 이러한 오인에 대한 고백의 반대편인 2연에는 '~알았다'라는 문형이 배치되어 있다. 그는 무엇을 알게 된 것일까? 허공(空)이 무(nothingness)가 아니라는 사실을 알게 되었을 것이다. 2연에서 화자는 허공이 "만물의 집"이라는 사실을 깨닫는다. 이러한 깨달음은 '꽃', '문양', '벼락', '법도', '비', '연못', '새 떼' 등의 다양한 사물을 매개로 얻어진 것이다. 햇볕을 받으며 아름답게 핀 꽃이 향기를 내뿜을 때, 천둥 번개로 인해 하늘에 문양이 생길 때, "빗물이 종일 허공을 자"(「우각(雨脚)」)르면서 떨어질 때, 우리는 허공이 단순한 무(無)가 아님을 깨닫는다. 어쩌면 허공(虛空)은 무수한 사건이 펼쳐질 수 있는 잠재성으로 충만한 세계일지도 모른다.

내부가 외부의 역할을 하는 동안 내부가 말라버렸다 말라버린 내부에 나는 인공 누액(淚液)을 넣고 내부를 적셔 주지만 외부는 매양 껄끄럽다 내부가 없는 외부는 사막이다 외부가 없는 내부는 혼곤이다 세 달에 한 번씩 안과에 가서 인공 누액을 처방받아 오지만 눈물이 말라버린 눈알은 이미 눈알이 아니다 쓸모없는 시역(視域)에 너무 많은 눈물을 오래 퍼다 쓴 죄야 그렇다 치고 눈이 없는 나는 이미 시야가 없어서 오히려 자유다 당달봉사로 살 수 있어 쾌감이다 눈물이 다 말라 더 이상 울지 않아도 되는 나의 내부는 이미 캄캄한 백사(白沙) 초승달 가는 소리가 더 잘 들리는 폐색의 세계 어머니 늙어가는 소리도 훨씬 더 잘 보이는 귓속의 눈동자 어디서도 구할 수 없었던 쾌감이 안공(眼孔)에 있었을 줄이야 지척 간에 은폐되어 있을 줄이야

「눈물」전문

이번 시집에서 가장 눈에 띄는 점은 '내부'와 '외부'의 관계에 대한 인식이다. 안과 밖, 내부와 외부는 어떤 존재를 구성하는 두 측면이라고 말할 수 있다. 가령 위의 시에서 화자의 내부는 '울음'이나 '눈물'의 영역이고, 외부는 일상적·사회적 자아의 영역이다. 시인은 이 내부와 외부라는 잣대로 세상 만물을 인식한다. 가령 화자가

"저 자갈 한 알의 힘으로/ 나는 세상의 모든 외부를/ 버텨왔다"(「주먹」)라고 고백할 때 '외부'는 눈에 보이는 세상을 가리킨다. 외부와 내부를 명확하게 구분할 수 없는 양파의 특성을 가리켜 "까고 까도/ 외부다/ 내부가 없는/ 색(色)의 소멸이다"(「양파」)라고 진술하는 대목이나 비나 눈이 오는 날 잠깐 비쳤다가 다시 없어지는 볕을 "여우 꼬리만큼의 외부를 드러냈다가 구름의 내부 속으로 사라져버린다"(「여우볕」)라고 진술하는 장면 또한 마찬가지이다. 그런데 이러한 '내부'와 '외부'에 대한 인식을 반복적으로 시도하는 이유는 현상 자체를 기술하기 위함이 아니라 그것들의 특별한 관계를 드러내기 위함이다. 가령 "한 봉황이 또 한 봉황을 만나 암수 한 쌍의 봉황도가 된 것이었는데,// 두 내부가 한 외부가 되고 한 외부가 두 내부가 되기 위해"(「봉황도」)라는 진술을 살펴보자. 화자가 바라보고 있는 봉황도에는 "암수 한 쌍의 봉황"이 그려져 있다. 두 봉황은 각각 내부와 외부가 있다. 그렇다면 '한 쌍'이란 어떤 사건일까? 화자는 그것을 "두 내부가 한 외부가 되고 한 외부가 두 내부가 되"는 것으로 이해한다. 이처럼 '하나'란 두 개의 내부가 합쳐서 하나의 외부가 되는 사건이다. 마찬가지 이유에서 시인은 꽃밭에 드러눕는 사건을 "꽃밭에 나의 외부가 눕는다/ 꽃밭도 제 외부를 눕힌다"(「꽃밭에서」), 즉 외부와 외부의 연결로 인식한다. 이것이 '꽃밭'과 나의 '내부'가 만날 수 없다는 의미는 아니다. 가령 시인은 「수평선」에서 수평선을 바라보면서 과거의 시간과 풍경을 떠올리는 화자의 모습을 "내부와 외부가 만나 한 외부가 됩니다/ 중력과 척력이 만나 한 척력이 됩니다"(「수평선」)라고 표현한다. 여기에서 '나'와 수평선의 마주침은 사물과 사물, 즉 외부와 외부의 만남이 아니라 내부와 외부의 만남이다. 바꿔 말하면 시(詩)란 물리적 법칙과 달라서 내부와 외부의 마주침에서 시작되는 것이라고 말할 수 있다.

이런 관점에서 「눈물」을 읽어보자. 시인은 "내부가 외부의 역할을 하는 동안 내부가 말라버렸다"라는 진술을 통해 삶의 이력을 설명한다. 여기에서 "눈물이 말라버린 눈알"이란 질병이라고 말할 수 있으나 "쓸모없는 시역(視域)에 너무 많은 눈물을 오래 퍼다 쓴 죄"라는 표현처럼 '눈물'에는 한 인간의 내력이 포함되어 있다. 시인은 이 눈물 없음의 상태를 가리켜 "나는 이미 시야가 없어서 오히려 자유다 당달봉사로 살 수 있어 쾌감이다"라고 역설한다. 그런데 눈물이 없다는 것이 왜 자유가 될까? 시인은 눈물이 없는 자신의 내부가 "이미 캄캄한 백사(白沙) 초승달 가는 소리가 더 잘 들리는 폐색의 세계"이며, 이러한 시각의 부재로 인해 "어머니 늙어가는 소리도 훨씬 더 잘 보이는 귓속의 눈동자"를 얻었다고 주장한다. 여기에서 중요한 것은 "귓속의 눈동자"라는 표현이다. 알다시피 시각은 대상을 지각하기 위해 필요한 신체 기관이지만 우리는 때때로 이 시각의 맹목(盲目)으로 인해 무언가를 보지 못하기도 한다. 요컨대 눈(目)은 무언가를 보기 위해 필요하지만, 눈이 있다고 언제나 대상을 정확하게 보는 것은 아니다. 이런 점에서 "귓속의 눈동자"라는 표현은 눈이 멀자 소리가 잘 들린다, 또는 눈이 보이지 않자 평소 인지하지 못한 것들이 비로소 보이기 시작한다는 의미로 해석할 수 있다. '응시와 가장 가까운 곳'이라는 시집의 제목에서 암시되듯이 승한 스님의 이번 시집에는 이러한 눈(시각)에 관한 문제의식을 담은 표현이 자주 등장한다.

    내부가 외부로 나오기까지 얼마나 많은 양식(糧食)과 걸음이 필요했을까 내부가 외부의 옷으로 갈아입기까지 또 얼마나 많은 구름과 바람과 햇볕과 비의 날들이 필요했을까 풀이 색이 되기까지 탈색이 다시 착색이 되기까지 또 얼마나 많은 용서와 사랑과 채찍과 혼돈의 외경(畏敬)이 필요했을까 너에게 물들기까지 온 몸으로 내가 네가 되기까지 네가 내가 되기까지 맹세와 기다림의 경(經)이 필요했을까 쪽, 그 발묵(潑墨) 앞에서 나는 한 번도 본 적 없는 너의 내부가 된다 원시가 된다 시원이 된다 색에서 색이 나오는 시색(是色)이 된다 색즉시공 공즉시색 묘유(妙有)의 순간 아, 거기 어

람(於藍)이 있었구나 누비옷 같은 기다림의 먼 시간이
하늘 속에 괴어 있었구나 숙면으로 괴어 있었구나

「쪽」전문

"풀이 색이 되기까지"라는 진술에서 알 수 있듯이 화자는 한해살이풀인 쪽으로 천연염색을 하는 과정을 내부와 외부의 관계로 인식한다. '풀'이 내부라면 '색'은 외부라고 말할 수 있다. 그리고 그 사이에는 '탈색'과 '착색'이라는 지난한 과정이 존재한다. 화자는 이러한 염색 공정, 즉 내부가 외부가 되는 과정을 지켜보면서 "용서와 사랑과 채찍과 혼돈의 외경(畏敬)"의 흔적을 읽어낸다. 또한 화자는 이렇게 만들어진 염료가 옷감에 착색되는 과정을 가리켜 "나는 한 번도 본 적 없는 너의 내부가 된다"라고 표현한다. 나아가 그는 염료가 옷감에 스며드는 현상을 수묵화의 '발묵(潑墨)'에 비유한다. 요컨대 '쪽'을 활용한 천연염색은 "풀이 색이 되기까지"의 과정, 즉 내부가 외부가 되는 과정과, 외부(색)가 다시 내부(스며듦)가 되는 이중의 과정으로 이루어진다. 이때 처음의 내부와 나중의 내부는 언어적으로는 '내부'라고 동일하게 표기되지만 그 실상은 전혀 다른 것이다. "색에서 색이 나오는 시색(是色)이 된다 색즉시공 공즉시색 묘유(妙有)의 순간"이라는 표현이 정확히 그것을 뜻한다. 이때의 '색'이란 불교에서 말하는 색(色)을 의미힌다. 이처럼 이

시는 천연염색이라는 일상적 사건과 경험에서 불교적인 사유, 또는 깨달음을 얻음으로써 불교시로서의 면모를 분명히 보여준다.

　　겨우내 열쇠를 찾았습니다
　　당신이라는 쪽문을 열기 위해
　　한껏
　　키를 낮췄습니다
　　몸을 구부렸습니다

　　길 가다 보았습니다
　　풀밭에 떨어져 있는 당신의 열쇠를
　　열쇠를 찾기도 전에 당신의 몸은
　　이미
　　쪽문을 열고 있었습니다

　　(…중략…)

　　지상과 가장 가까운 곳에
　　눈썹과 가장 가까운 곳에
　　속삭임과 가장 가까운 곳에
　　응시와 가장 가까운 곳에
　　당신은 눈을 뜨고 있었습니다

그것도 지천으로 있었습니다
마주 보는 눈과 눈이 서로 쪽문이었습니다

몸과 키를 낮춘 두 생명이
여린 눈빛을 오래 마주 보았습니다

「제비꽃」 부분

  불교적 사유와 시적 사유의 공통점 가운데 하나는 상투적·상식적 시선을 넘어서려고 시도한다는 점이다. 우리의 상투적·상식적 시선은 '일상'이라는 이름으로 사실상 습관적으로 행해지는 행동이나 인식에서 비롯되는 경우가 많다. 별다른 숙고의 과정 없이 습관적으로 행해지는 인식은 세속적 세계를 사는 데는 편리한 방편일 수 있으나 세계의 실상을 포착하는 데는 한계가 많다. 시가 익숙한 것을 낯설게 만들거나 일상적 경험 속에서 비일상적인 순간을 찾으려고 노력하는 이유는 습관화된 인간의 지각 방식과 언어가 세계의 실상, 나아가 경험 그 자체를 특정한 방식으로 왜곡하기 때문이다. 요컨대 낯선 것을 익숙한 것으로 바꾸려는 의지가 일상적인 것이라면 익숙한 것을 낯선 것으로 바꾸려는 의지는 시적인 것이라고 말할 수 있다. 그런데 여기에서 말하는 비일상적 순간, 즉 상투적·상식적인 인식과 지각에서 벗어나는 순간이 '일상'과 완전히 분리되어 존재하는 것은 아니다. 그러니까 이 비일상적 순간을 포착하기 위해 일상적인 것을 모두 포기하거나 그것들과 단절해야 하는 것은 아니다. 이것을 오해할 때 시는 종종 요령부득의 실험적이고 추상적인 세계에 빠진다.

인용시는 비일상적인 순간과 일상적 질서의 관계를 명확하게 보여준다. 화자는 오랫동안 자신이 '열쇠'를 찾아왔음을 토로하고 있다. 여기에서 '열쇠'는 "당신이라는 쪽문"을 열기 위한 수단이다. 화자는 오랫동안 '당신'을 찾아 헤맸으며, '열쇠'를 찾기 위해 밤낮으로 키를 낮추거나 몸을 구부렸을 듯하다. 그러던 어느 날 화자는 길을 가다가 우연히 "풀밭에 떨어져 있는 당신의 열쇠"를 발견한다. 그런데 여기에서 화자가 발견한 것은 '열쇠'가 아니라 "열쇠를 찾기도 전에" 이미-항상 쪽문을 열고 있는 당신의 몸이다. 그러니까 화자가 그토록 찾아 헤매던 '당신'이 사실은 저 멀리 외떨어진 곳이 아니라 아주 가까운 곳에 존재하고 있었던 것이다. 어느 정도로 가까운 곳이었을까? 이에 대해 화자는 "지상과 가장 가까운 곳에/ 눈썹과 가장 가까운 곳에/ 속삭임과 가장 가까운 곳에/ 응시와 가장 가까운 곳에" 당신이 눈을 뜨고 있었다고 이야기한다. '당신'은 화자가 찾기 어려운 곳에 숨어 있던 것이 아니라 사실은 '지천'으로 피어 있었던 것이다. 이 시에서 '당신'의 표면적인 정체는 '제비꽃'이다.

하지만 우리들 아주 가까운 곳에 지천으로 흩어져 있는 것이 '제비꽃'만은 아닐 것이다. 불교에서 말하는 진리나 깨달음이 그러할 것이고, 시인들이 찾고 있는 시적인 것 또한 그런 방식으로 존재하고 있을 것이다. 문제는, 우리가 존재의 '쪽문'을 활짝 열고 있는 '당신'을 발견할 '눈'을 결여하고 살아간다는 사실이다. 우리의 '눈'이 상투적·상식적 시선의 차원에서 자유로워질 때, 그때 비로소 우리는 "마주 보는 눈과 눈이 서로 쪽문"이 되는 순간을 경험하게 될 것이다. 어쩌면 시적 사유나 발견이란 이 순간에 대한 경험일지도 모른다.

  가령 이런 순간들이 그럴 것이다. 「비 내리는 동안」에서 화자는 숲에 비가 내리는 소리를 듣다가 "문득 비와 빗방울의 차이를 생각하고 문득 비와 빗방울의 안팎을 생각하고 문득 비의 외부가 빗방울인지 빗방울의 내부가 비인지를 생각"하게 된다. 화자의 이런 '생각'은 결코 일상적이지 않다. 숲에 비가 내리는 모습은 일상적이지만 그는 그 일상적인 풍경을 배경으로 어느 순간 일상적이지 않은 경험, 즉 질문과 생각의 세계에 빠져든다. 시에서 이 생각은 "온 숲이 질퍽"하게 느껴지는 것으로 끝나지만 이때의 '숲'은 처음에 비 내리는 풍경의 일부인 '숲'과 다른 것이다. 「획(劃)」에서 화자의 경험도 마찬가지이다. 때는 '윤이월', 그러니까 화자는 이장(移葬)을 위해 파헤친 아버지의 무덤에서 가지런하게 놓여 있는 뼈를 발견한다. 그러나 다음 그것들은 뼈가 아니라 화자에게 "가로 획/ 세로 획/ 가지런히/ 겹쳐지고 포개진 획"(「획(劃)」)으로 다가온다. 획(劃)은 언어의 세계에 속한다. 화자는 그것을 발묵(潑墨)의 언어라고 쓴다. '뼈'가 '획(劃)'으로 다가올 때, 비로소 시는 시작된다. 승한 스님의 이번 시집은 불교적 사유와 시적 사유가 일상의 상투적 인식을 벗어나는 순간에 교차할 수 있음을 보여준다.

승한 스님

속명 이진영(李珍英), 법호 효흠(曉欽). 1986년 서울신문 신춘문예에 시가, 2007년 조선일보 신춘문예에 동시가 당선되었다. 시집으로『수렵도』『퍽 환한 하늘』『아무도 너의 깊이를 모른다』『그리운 173』『응시와 가장 가까운 곳』 등이 있으며, 산문집으로『나를 치유하는 산사기행』『좋아좋아』 등이 있다. 한국불교태고종 기관지「한국불교신문」주간을 역임했다. 2023년 제15회 불교문예작품상을 받았다.

승한 시집

응시와 가장 가까운 곳

1판 1쇄 찍은 날 2025년 7월 23일
1판 1쇄 펴낸 날 2025년 7월 30일

지은이 승한
펴낸이 김완준

펴낸곳 모악

출판등록 2016년 1월 21일 제2016-000004호
이메일 moakbooks@daum.net

ISBN 979-11-88071-78-4 03810

* 물개는 모악의 임프린트입니다.
* 이 책의 내용을 재사용하려면 모악의 서면 동의를 받아야 합니다.

값 12,000원